Valdeze Ngoube Lobe

Yo pienso

Valdeze Ngoube Lobe

Yo pienso

Poesías

JustFiction Edition

Imprint
Any brand names and product names mentioned in this book are subject to trademark, brand or patent protection and are trademarks or registered trademarks of their respective holders. The use of brand names, product names, common names, trade names, product descriptions etc. even without a particular marking in this work is in no way to be construed to mean that such names may be regarded as unrestricted in respect of trademark and brand protection legislation and could thus be used by anyone.

Cover image: www.ingimage.com

Publisher:
JustFiction! Edition
is a trademark of
International Book Market Service Ltd., member of OmniScriptum Publishing Group
17 Meldrum Street, Beau Bassin 71504, Mauritius

Printed at: see last page
ISBN: 978-620-0-48845-9

Copyright © Valdeze Ngoube Lobe
Copyright © 2020 International Book Market Service Ltd., member of OmniScriptum Publishing Group

Valdeze Ngoube Lobe

Yo pienso

Versión

"El que vive, piensa"

Todo el mundo a través de una etapa difícil en su vida; y algunos todavía sufren las consecuencias.

Ellos saben que en su dolor, su sufrimiento, sus penas y dificultades que pueden unirlos a Cristo para el alivio de sus conciencias, cuerpo, espíritu e incluso almas.

Así que creo

La cama de tu corazón

Me acuesto y medito como filósofo de renombre
Por mi corazón ve muy lejos y mi sabiduría escribió su razonamiento
En el lienzo de destino canto a la libertad de los pueblos oprimidos.
En Margarita tu alma escribo mi pasión de la vida,
Y en el camino a la sinfonía rebelde Enciendo

En la cama de su corazón,
Yo descanso y yo siembro rosas púrpuras,
La tranquilidad me lleva suavemente.
Escribo mi poema rebelde.
Me encuentro solo en forma de paloma,
Yo canto mis causas humanas y yo garabatear
El amor a la vida, en las paredes de su corazón que canto.
En el prado de su generosidad me paseo a una tía bondadosa.
Yo duermo en paz en el cielo como un ángel de amor
Mi lado divino cantar una melodía de un hermoso coro

El circuito turístico y que apoyan a los sin techo
Escribo mis preocupaciones humanas y universales.
En una felicidad respiro me olvido de mis problemas,
Yo canto mis palabras cuando me reprimí mi tristeza
Con olvido polvo yo tengo de hacer el alma,
Cuando la melancolía tiene una suscripción con la mente.
Y todo esto lo hago ", en la cama de su corazón."

Somos

No pude evitar el encuentro con esta amante esposa, su hermana, su doble.
Me encanta el mismo amor, nos hace entender, bebido el mismo vino junto y separado.
Separado en las apariencias y lugares.
Reunidos por la interminable mantenimiento de nuestras almas, por la alegría de haber encontrado el interlocutor privilegiado, y el que escucha todo, incluso los silencios, incluso lo que no decimos a sí mismo en silencio.
El amor, hermana, hermano, a quien el tiempo pasado en la tierra sólo habría sido el tiempo - nada más.
Amor de tener su venida, sus primeros decretos estremecimiento abolieron el viejo tiempo, eliminan estas distinciones hacia adelante y después de haber mantenido solamente vivir eterna hoy, y ahora el amor con amar.

El dibujo de amor

Su piel desnuda bajo mi mano tiembla sonrojó
Su cuerpo caliente esta mañana en lo que me rindo
La pasión que me das me hace temblar de repente
Y dos corazones unidos resuenan este estribillo ardiente.

Tus ojos son fiebre y que se adapte a usted tan bien
Esa sonrisa en tus labios es el dibujo más bonito
Me ofertas inseguros cuando llegue a la huelga
Y se instala en el camino que conduce a la tregua.

Y mi aliento caliente despierta el ardor
Languideciendo en su cuerpo busco mi felicidad
Así que pasar las horas en el amor indiferente
Me complace agotamiento hacer.

Y el conquistador cuerpo me da escalofríos
Transformo puerta tiempo para la sinrazón
Y para que usted pueda cosechar mi clamor mis suspiros
Que Gray y su respuesta en el resplandor de placer.

El calor fragante de nuestra deriva cuerpo
Es la fuente posando nos inspiró en la orilla.

Felicidad al infinito

¿Qué quieres de mí, la felicidad?
Sonrío y lloro?
Yo canto su nombre
En todas las estaciones
O que comparto
Con mi séquito.
¿Qué esperas de mí,
Si soy o siervo rey
Asesor o poeta
La sonrisa y la alegría
La luz del sol
Otros, ninguno.
En resumen darme otra
Sin contar.
La felicidad si usted hace mi alegría
Esta es mi casa, tú eres rey.
Tú eres mi parcela de la vida del paraíso.
Eres tú mi amado
Felicidad al infinito

Enséñame

Es usted quien me enseña es
Las emociones de amor,
Sus secretos más profundos,
Con el ardor de sus pasiones,
Que este río que fluye
En su amante bonito del corazón,
Es tan exuberante abajo que arriba.
A su disciplina todos mis entichements.
Explique a mí otra vez con su estilo cautivador,
Todas estas regulaciones idealizan adoración.
Para mí su ferviente amor; Dame lecciones.
Hazme descubrir este paraíso y niveles educativos,
Sus tesoros inagotables de oro y diamantes que prevalecen.
¿Qué aporta este Edén sentimientos de éxtasis!
La persona es perenne ama a su cosecha.
Su academia Cupido es el icono como el Faraón de loto.
Me Enriquecido nuevo en cualquier momento en este hermoso concepto;
Me encanta la ternura supera todos los estudiantes.

Mamá querida

En lo más profundo de mi corazón
He buscado ansiosamente
¿Cuál de todos los valores
Podría tener mis favores.

Examiné a partir de la planta
A través de todas las esferas
Lo que en el mundo
Podría hacerme más orgulloso.

Yo observé detenidamente todas partes
En cada esquina
Para entender por fin
¿Dónde está mi ganancia real.

Que no hay necesidad de ir muy lejos
Y no hay necesidad de correr caminos
Porque todo en la mano
Coloque el botín invaluable.

Que no es otro que tú querida madre
Tú que me has dado una sola vida día
Y me enturas todo tu amor
Así que te llevaba en mi corazón mi turno
Y prometo amarte y otra vez.

Querida mamá.

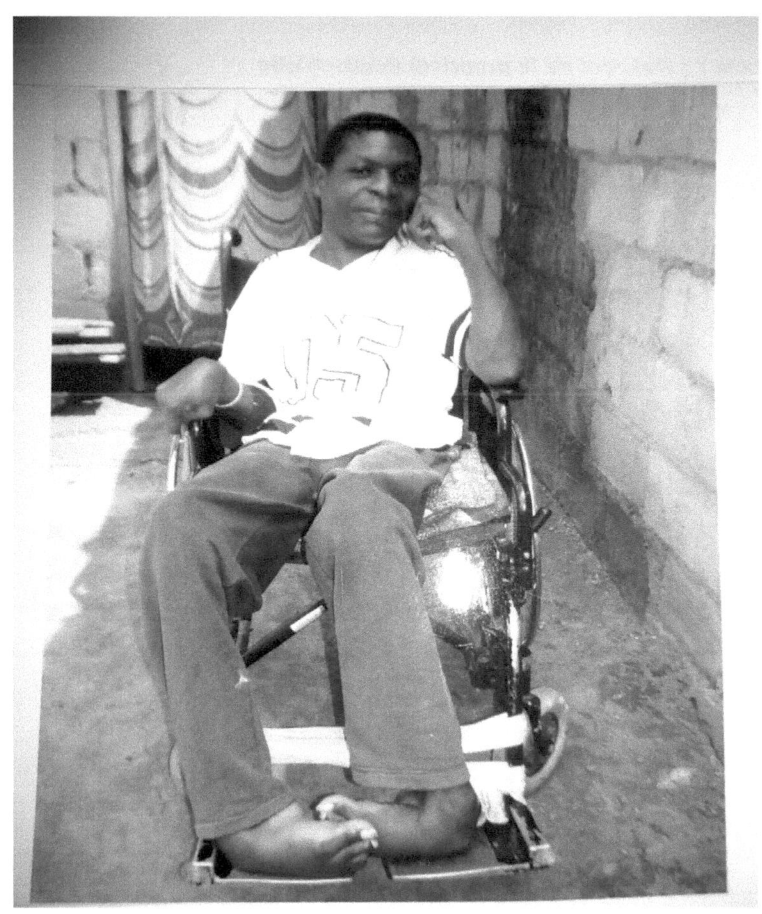

Te quiero

Por último
Yo Te quiero hasta que me muera
Pero usted no sabe todavía
Me temo que este amor dure sólo un día
Me temo que este amor rima con humor.
Puedo entender el miedo al dolor,
Pero yo, Te amo con todo mi corazón.
Es tan poco que decir que Te amo
Cuando quiero grabar estas palabras
En letras de oro en mi poema
Por sus hermosos ojos de perlas de agua
Te canto sin aliento
Y mi amor y mi canción
Usted es mi sol
Que ilumina mis días y noches
Tú eres mi aliento
El que me da la vida
Eres mi cielo del arco iris
La que me hace ver la vida tan hermoso y colorido.

Guardia Esperanza

Si recibe este poema,
Se trata de olvidar sus penas,
Incluso si usted ve negro,
No caigas en la desesperación,
Coche después de la lluvia o con sol,
Y eso es lo que falta gracias,
Estas palabras para recordar a usted,
Que no hay que desesperar,
Que la suerte esté con ustedes,
Y más que el coraje que le llevará
Espero que hayas encontrado la esperanza,
Y usted continuará a creer,
Porque yo creo en él porque me encanta la vida y que nunca cambian.

Este sencillo poema

En mi mente, las únicas palabras que vienen
Ellos me atormentan, que están "pensando"
De mi mente a mi boca?
Imposible, no pueden llegar
Deseo suavemente, toman la tensión
Pero mi único deseo es que gritar

Ayer, sin embargo, me hubiera gustado
Pero, solamente una lágrima fluyó
Ser tonto y no se puede decir
En ella, yo sólo escribo
Para que lo sepas
En el fondo de mi corazón, lo que está oculto.

Mi silencio

Yo no vivo sin ti
Porque tú eres mi todo
Mi vida sin ti?
Ni siquiera creo!
No sé cómo va a ser.
Pero no mucho de todos modos
Prométeme, mi amor
Lo que alguna vez me dejas
Lo que alguna vez usted me lo permite
Prométeme!
Mi corazón está en el amor,
Pero usted no lo ve,
Mi corazón es lamentable,
Para que no me miras.
Yo confieso mi amor,
Pero no me atrevo,
Porque nunca volvería a la suya,
Es por eso que no le digo a usted.

Una esperanza tímida.

Querido amigo, si ves que te gusto suavemente
El dolor de un poeta exiliado que te ama,
Nos burlamos mi dolor, y le diremos la misma
Que el amor duele, pero que uno no muere.

Y un mutilado que sobrevive en los combates,
El amante desesperado que se va, sin brillo y pálido,
Lejos de los hombres huye y blasfema a Dios,

Querido hijo, antes de que todos sus deseos están haciendo!
Pero cuando encontremos un nido lleno de huevos currucas,
Has recogido en el camino de mi corazón, ¿no sería mejor que el paso tranquilo ?.

Mi razón para la esperanza

¿Qué pasa si dulce esperanza de que mi razón se basa,
Un mal si se descubre no ocultar;
Traigo infeliz, en algún lugar donde me escapé,
Un rasgo que no hay alivio me puede arrebatar.

Vengo en un desierto mis lágrimas vierten,
Donde la tierra languideció, cuando el Sol está aburrido,
Y un torrente de lágrimas que no puede saciar
Cubre los vapores de aire y la tierra la lluvia.

Entre estos lugares tristes arrastrando mi larga pesar,
Camino solo en el horror de los bosques,
Cuando el águila pescadora fatal y la perca búho.

El único consuelo que puede hablar,
Este es el punto de temer que la vida me busca
Cuando la antorcha del día nunca se atrevió a venir.

Esperanza.

Me encantaría lo contrario,
¡Ay! Yo sería feliz!
Para mí el amor es un tormento,
La ternura es dolorosa para mí.
¡Ah! Yo sería feliz!
Me gustaría ser diferente!

Según te voy a cambiar:
Como creo que sea posible,
Mi corazón va a ser más sensibles;
Espero que sí, porque voy a morir.
¡Sí! Si la muerte es lo imposible,
Usted le dice la verdad, voy a cambiar!

Mi última esperanza.

Hay un árbol en el cementerio
Empujar con plena libertad,
No plantado por un duelo dictado -
Que flota a lo largo de una piedra humilde.

En este árbol, verano e invierno,
Un pájaro canta claro
Su canción tristemente cierto.
Este árbol y el pájaro nosotros es:

Usted recordará mi ausencia
Ese momento - de paso - identifica...
Ah, todavía viven en su regazo!

Ah, a vivir de nuevo! Pero tú, mi querido,
La nada es mi Ganador frío...
Al menos, por ejemplo, vivo en tu corazón?

Esperanza engañado.

Trasladó su aire, su encantadora voz
Y sus ojos, que, halagador peligroso,
Cuando quiere que tan bien te adoro,
De una esperanza dulce hecho latir mi corazón;

Me atreví a pensar que ella me iba a amar de nuevo:
Reuní esa mirada, ese discurso
Esto movió el aire, la dulce promesa
Para ser para que te guste en tus hermosos días;

Pero nada, ¡ay! Fue ternura.
Yo tenía ese deseo por un momento
Volvió la embriaguez engañosa;
Mi felicidad fue corta pero una quimera;
Voy a pagar con el tormento eterno.

Cuando pienso en mi vida.

A veces, cuando pienso en mi primera vida
El tiempo que viví sola rey de mi deseo,
Mi único maestro quiere, mis propias decisiones
Y mi alma libre vagó a su placer,
Franco esperanza, el miedo, y el amor para vivir:

Vierto mis ojos lluvia angoisseuse
Y un sentido orgullosa de pesar se apodera de mi mente,
Maldiciendo la suerte que yo os elegí a vosotros,
Para ir a tantos problemas a mi pobre alma esclavizada.

Si leo, si escribo, si hablo o guardan silencio,
Su ojo hace la guerra a mí, y no me siento ni paz,
Luchó sin cesar su extrema rigurosidad;

En resumen, te amo como a mí no me gusta,
Oponente de mí mismo, o si me amo a mí mismo, ¡ay!
Yo simplemente me encanta porque Te amo.

Mi consuelo

Me gustaría que mece mis miedos
Como la música engatusa modales
Me gustaría acurrucarse en los brazos
En su hombro, sólo una vez
Me gustaría que me consuela
Un momento su alma vuela
Sólo un momento de confort
Que la felicidad llena todo mi cuerpo
Un momento en un mundo en otro lugar
Para hacerme olvidar mis lágrimas
Abajo los brazos un poco de tiempo
La libertad del inconsciente
Sólo un momento de confort
Que la felicidad llena mi cuerpo

El amor nunca desaparece

La muerte no es nada. Yo sólo pasamos en la habitación contigua.
Yo soy yo, eres tú; lo que éramos el uno al otro,
Estamos todavía.
Dame el nombre que siempre me has dado.
Háblame como siempre lo has hecho.
No utilice un tono diferente.
No tome una solemne o triste.
Continuar a reírse de lo que nos hicieron reír juntos.
Las solicitudes, ratón, piensan de mí, oren por mí.
Que nuestros nombres se hablan en casa como siempre lo han sido,
La vida significa todo lo que siempre ha querido decir.
Es lo que siempre fue. El hilo no se corta.
¿Por qué debería estar fuera de su mente porque estoy fuera de su vista.
Espero, no estoy muy lejos, justo al otro lado de la carretera.
Usted ve, todo está bien.

A la playa.

Estoy de pie en el borde de la playa;
Un barco de vela pasa en el viento de la mañana,
Y a lo lejos en el océano.
Eres hermosa, eres la vida,
Te miro hasta que desaparezcas en el horizonte.
Alguien a mi lado dice, "ella se ha ido!"
Parte en dónde? Fuera de mis ojos, eso es todo!
Su desaparición total de mi vista está en mí, no otra persona,
Y justo cuando alguien cerca de mí, dijo:
Ella se fue,
Hay otros que, viendo en el horizonte
Y viniendo hacia ellos, exclamando con alegría: "Sentimos"
Esta es tu muerte!

Los padres que han "perdido" un niño

"Mamá, papá, ¿crees que es injusto porque tú me has puesto en el mundo, sin pensar que algún día yo podría dejarte así.

¿Crees que esto es injusto y que se trataba de que te vayas antes que yo.

¿Quieres incluso a Dios.

Pero yo os digo que yo soy todavía vivo, hoy que me has dado, nadie ha asumido y yo no soy "muerto" antes de que usted, sino simplemente "fiesta" antes de la luz, una nueva ocupación y para iluminar su camino cuando vengas en tu turno, su tiempo y el tiempo deseado por Dios, cuando se termina su trabajo en la tierra.

Debido a que nos encontremos de nuevo, se lo aseguro.

Torturarte a ti mismo culpando muchas cosas sobre mí.

Trate de perseguir esos pensamientos de su mente porque yo te quiero para nada.

Sé que todo lo que hizo no fue una manifestación de su amor.

Sabía

Ella sabía ... Dame una sonrisa
Gracias a ella, vi hoy ...
Tengo otra visión
Y yo sueño de una nueva vida ...
Sabía que mi llama ... Resucitar
Sentimientos enterrados salen ...
En su ausencia mi corazón exige la
Y tengo miedo de todos estos sentimientos ...
Sabía que mi alma ... Relax
Escapar de mí cuando estoy en sus brazos
Me convierto en el pequeño hombre
En la necesidad de ternura y alegría ...

Atrapado en el calor
Atrapado en el calor,
No he disfrutado
Sol y los rayos
Este mes de verano ...
Encarcelado en una cama,
Durante semanas,
Todavía estoy
Bloqueado como la cuarentena ...
Me gustaría caminar, correr,
En medio de un paisaje verde,
Para finalmente me desunir
Reforzando mi muleta ...

Atrapado en el calor,

A la espera de un veredicto,

Se requiere paciencia

En el corazón de mi distrito suave ...

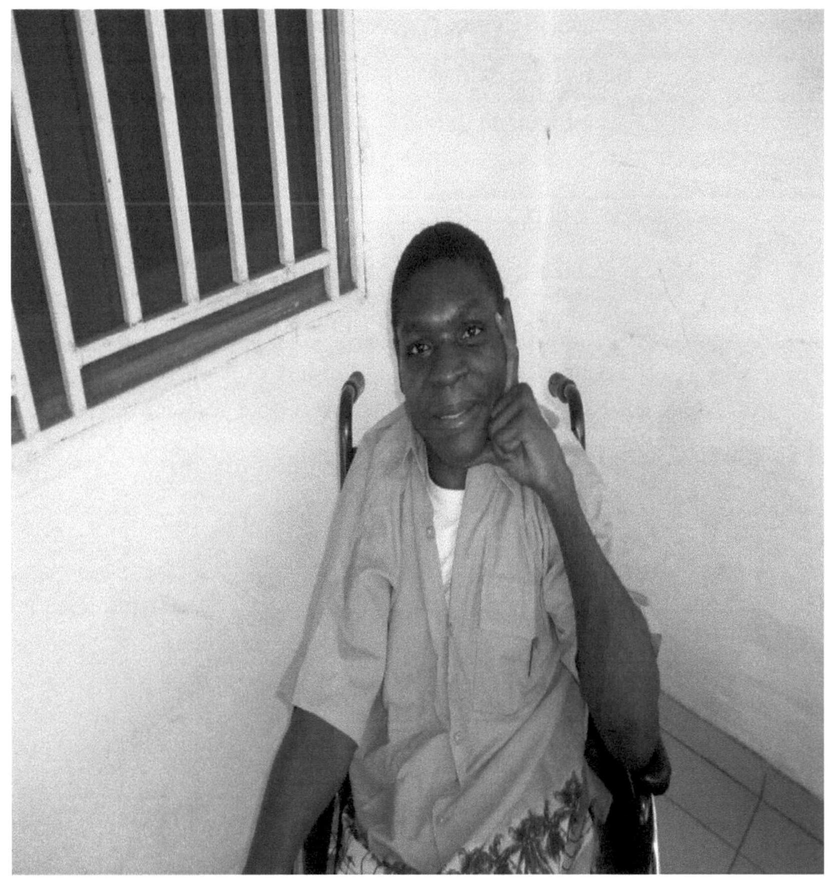

Mi hermosa

Tengo por sus muchos mensajes
Quiero decir, incluso si soy discreto.
Su elegante cuerpo hay un idioma?
Y es su belleza divina secreto?

Es para mí un camino largo y solitario
La alegría, el deseo, la diversión y travesuras.
Le acaricié cuidadosamente las manos,
Llena de dulzura y capricho.

Si desea responder, susurra,
Su alma es un buen mensajero
Si no lo es, no responde
Ella está en mi corazón, como una oración.

Esta silueta, mi pequeña flor,
Es blanco, floración, dulce, hermoso,
Realmente, no pude encontrar a su hermana
Creyendo tener modelo de Venus.

Es sabio, paciente, leve
Felicidad pura podría pasar a mí
Nunca temía su ira
Me gusta porque me permite soñar de la misma.

El mismo amor que es

Usted es una fragancia ligera en una lluvia tropical,
Tender momento de paz y simple olor de la lluvia,
Miradas casi frenético goce hermoso
Y el adorno de la perla en mi corazón divertía.
Usted es una fuente de vida y una mordedura de escorpión que perdura,
Ojos traviesos Azures usted es una mujer a la vela mañana,
Hombro y miradas lánguidas o persisten todas las miradas.
Tú eres la pluma del amor y el tiempo de escapar,
Sólo un aliento tan cortó cuando acaricias mis brazos,
La cascada de luz de las palabras que lo explica todo
Y tú eres la más bella de retención de un desgarro en los albores de la tristeza.
Usted es, y es hermosa costa a menudo plantea esa dulce pregunta,
Usted suavemente implorar la hermosa certeza
Ya engrosar la piel en enaguas millas.
Tú eres mi más bella sinfonía
El amor no tiene o no quiere ser poseído.
Porque el amor es bastante a ti mismo.

El mismo amor que es

Usted es una fragancia ligera en una lluvia tropical,
Tender momento de paz y simple olor de la lluvia,
Miradas casi frenético goce hermoso
Y el adorno de la perla en mi corazón divertía.
Usted es una fuente de vida y una mordedura de escorpión que perdura,
Ojos traviesos Azures usted es una mujer a la vela mañana,
Hombro y miradas lánguidas o persisten todas las miradas.
Tú eres la pluma del amor y el tiempo de escapar,
Sólo un aliento tan cortó cuando acaricias mis brazos,
La cascada de luz de las palabras que lo explica todo
Y tú eres la más bella de retención de un desgarro en los albores de la tristeza.
Usted es, y es hermosa costa a menudo plantea esa dulce pregunta,
Usted suavemente implorar la hermosa certeza
Ya engrosar la piel en enaguas millas.
Tú eres mi más bella sinfonía
El amor no tiene o no quiere ser poseído.
Porque el amor es bastante a ti mismo.

Para ti

Todos ustedes, yo quiero ser.
Todo para mí, quiero que seas.
Todos ustedes, quiero tu ser.
Todo de mí, creo que sea.
Eres tan joven y tan hermosa
todos los ojos están encendidos usted.
Debería estar celoso.
Para ellos las miradas que hacen loco.
No es, queridos señores,
Se le da a mí y es incluso mejor.
Para mí ellos y para mí mismo satisface.
Yo ella con todo mi corazón
Y mis manos no son para ella
la extensión de mi corazón.

¿Por qué Te quiero

Te quiero, porque con ustedes, el mundo es más hermoso,
El cielo más azul, estrellas mucho más grandes,
Debido a que una mirada a menudo reemplaza las palabras
Y no se necesita mucho, por lo que su mano llegue.
Pero yo también te quiero, para todos esos sueños compartidos,
Para sus frases ocultas, y cada uno de tu risa,
Para sus silencios también, su alegría natural,
Y este valor diario admiro.
Te amo porque ves, todavía en sus brazos,
¿Qué va a calmar mis miedos, mis dudas están dormidos,
Y si el mundo perfecto, por supuesto, no existe,
Sé que estás ahí, como siempre escuchando.
Te amo con todo esto, y más,
Me agrada pensar en ello, y lo sabes, lo confieso,
Lo que me toca más, ¿qué toca hacerme fuerte,
¿Es que todos los días, para usted, se trata de tú y yo.

Las palabras que dices

Encantar mi corazón cuando hablas
Estas flores perfuman mi vida
Escucho en la oscuridad.
La dulzura de un cielo estrellado
Dar un sonido tembloroso
Sus palabras, una canción en la Vía Láctea
Lo que me transporta en el silencio.
Las palabras de amor que usted dice
Siempre lo mismo repite
Para mí es una letanía
¿Quién no se cansaba de escuchar.
A medida que la ola que acaricia
La cálida arena de esta playa
Tu amor es como la embriaguez
Eso me embriaga más.
Las palabras de amor que usted dice
Yo les susurre al oído
Para siempre, que no las olvide
Para hacerte un pequeño favor.
Las palabras de amor que decimos
Es la esencia de lo que nos une.

En tus ojos

Cada vez que nos tomamos a nosotros mismos en los brazos,
Voy a este lugar tan remoto
Cuando acabamos de caminar de la mano,
Estoy en tierra de los sueños.

Cada vez que te miro a los ojos,
Estoy muy conmovido,
Entonces mi corazón se vuelve loco
Y nuestros labios apasionadamente de mes.

Usted está siempre en mi mente,
En su cara, eso es todo lo que mi mente puede pensar
Pienso en ti todos los días
Y sé que va a funcionar de una manera u otra, un día

Algunos dicen que somos estúpidos y tontos
Algunos dicen que deberíamos hacer como queramos
Pero todo mi corazón podía
Esto quiere decir que siempre te amaré.

El verdadero amor

Nunca supe que no habría un mañana mejor
Pero tú llegaste a mi vida y todo mi dolor de distancia

Mis días son cosas tristes del pasado
Porque finalmente encontré el verdadero amor

Mis días se han ido para siempre la nada
Debido a que usted llenó un vacío en mi corazón, ya que tenía que hacerlo

Ha abierto una ventana
Usted me mostró la luz
Y mi amor por ti seguirá ardiendo con fuerza.

Una estrella en tus ojos
En las alas de un águila,
Mi amor por ti moscas
Que asciende cada vez más alto
Y alcanzar el cielo.

He llegado al final de la parte superior
Y me sacó una estrella del cielo
Para situarlo
Tu imaginación preciosa.

Vivir para siempre,
Como prueba de mi amor

En las alas de nuestro amor
Sostenible y verdadero.

Te respeto, cariño
Con todo lo que soy
Por favor, cariño,
¿Quieres ser mi esposa?

Hay tantas cosas
Significa mi corazón
Te amo mi amor
No hay otra manera de decirlo.

Mi mayor deseo
A medida que el sol sale por el este,
El amanecer de mi amor amanece
A medida que el sol se pone en el oeste,
Me invade con un deseo ardiente
El deseo atrapado profunda en mí
Uno de los que no se puede ocultar por más tiempo

Espero un dulce beso mi sed
Espero un gesto de ternura que va a durar toda la vida.

En pocas palabras, usted es mi deseo más profundo,

Yo no te quiero hoy o mañana, sino para siempre.

La magia del amor

El amor es como la magia
Y siempre lo será
Por amor permanece
El dulce misterio de la vida!
Obras de amor en formas
Extraño y maravilloso
Y no hay nada en la vida
Que el amor no puede cambiar!
El amor puede transformar
El lugar más banal
En belleza, esplendor,
Suavidad y gracia.
El amor es desinteresado,
La comprensión y buena,
Pues se ve con el corazón
Y no con su mente!
El amor es la respuesta
Todo el mundo en busca de ...
El amor es el lenguaje
Que cada corazón habla
El amor no se puede comprar
No tiene precio y es gratis
El amor, como magia pura,
Es el dulce misterio de la vida.

El amor resiste todo

El amor soporta... las locuras de la juventud,
a disparos en la cabeza, y los errores,
al descuido y la falta de experiencia,
la debilidad de la derrota, con la necesidad,
y, a veces, para perderse en el camino,
la necesidad de renovarse, crecer, evolucionar,
para ampliar sus horizontes
y mejorar su condición,
las diferencias de carácter y opinión.
La pérdida de seres queridos, la tristeza, la miseria,
fracasos y decepciones, la fragilidad y la confusión.

El amor... resiste el paso del tiempo,
las distintas estaciones de la vida, la vejez y la enfermedad.
Nunca deje
ensayos pequeños y grandes de la vida
luchar a brazo partido con lo que tenemos
más caro y más bella.
Porque podía faltar hermosa
y las cosas maravillosas que podrían lamentarlo.

Mi amor

Tú eres mi tesoro,
Yo amo solo a ti,
Tu amor es precioso como el oro,
Constantemente pienso en ti.
Donde quiera que esté,
Estás presente en mi mente,
Y todas las cosas que sienten,
Son sólo para ti querida.
Mi amor por ti es tan grande,
Que las palabras no son suficientes,
Un amor tan fascinante,
Que incluso "Te amo" parece plana.
Yo te amo con locura,
Como nunca he amado a nadie,
Te quiero para toda la vida,
Y mi amor, te doy.
Si nos vamos a separar,
Yo nunca me entregaría,
Es tan bueno estar a tu lado,
Que nada se ve mal.
Tú eres mi alegría en la vida,
Mi primera y única felicidad,
Tu amor me embriaga,
Y mi corazón se hundió.
Mi amor por ti es eterno,
Siempre lo haré,

Tú eres para mí la más bella,

Tú eres mi tierno amor.

Mi amor.

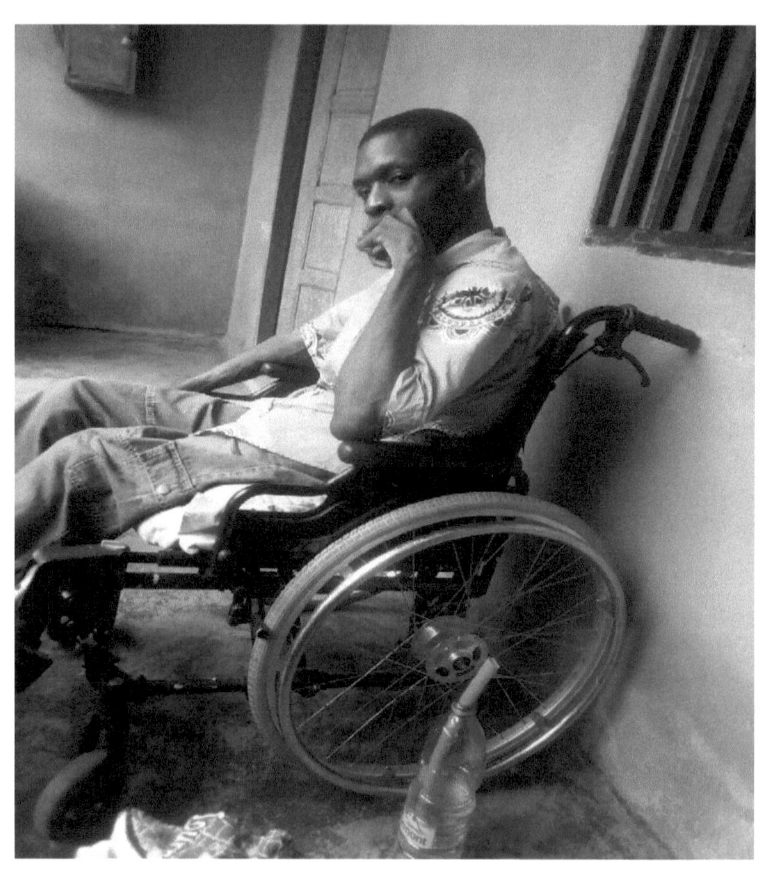

Mi esperanza

Es por tu sonrisa
Todavía espero
Es por tu belleza
Ya no creo en la muerte.

Esa es su imagen
Esa noche me dormí
Es por tu idioma
Espero oír al amanecer.

Es por su confianza
Yo canto todos los días
Cuando estoy solo
Una historia de amor.

Es para los ojos
Mi esperanza de vivir aumentar siempre
Así que el amor
En el amor sin fin y directo.

Su perfume
Fue sólo un recuerdo lejano,
Una reliquia con sabor
Largo enterrado en mi memoria,
Su perfume.
Usted derramó el perfume almizclado

En su estela como un grimorio
Las páginas corruptos y el título en latín,
¿Cómo pude haber imaginado
Recuerde que cocinar suavemente
Renacer de sus cenizas una hermosa mañana?
Regresó a atormentarme, juguetón,
Tender, acariciando, sensual, carnal,
Este incensario acentúa Bagatela
¿Cómo resistir? Este aroma es divino...
Me sucumbir a ella, me entierren,
Pero la moral es para mí prohibir.
Hoy me gusta el perfume TON.

Amor imposible

Mi amor por ti es infinito,
pero nunca estaremos unidos.
Si mi cuerpo era diferente,
Quizás para mí tendría sentimientos.

Pero te entiendo perfectamente,
incluso si no estoy totalmente feo.
Usted ve a Dios que estás hermosa,
mientras yo no miro.

Y aunque mi corazón es enorme,
Nunca tendré tu presencia.
Pero te necesito,
para quitar mi dolor cuando.

No te olvides de tu tesoro!

Cuando atacas,
Aquel que porra
Dicen que el mal sobre ti
Eso le quita su alegría
Que convierte su bien en mal
Eso destruye tono moral
Y todo eso...
No te olvides de tu tesoro!
Date la vuelta
Y mira a tu rey
El descanso en silencio
Llora en su esquina
Tome su mano a salvo.
Cuando denigra
Una y otra vez
¿Y tú que ruge como un tigre
Te tratan como un cerdo
Dicen de usted que es peor,
No te olvides de tu tesoro!
Nadie va a arrebatar usted
Incluso si su barco
Vuelca en la tormenta
Es su razón de vivir
Su nombre está escrito en su libro
Tu enemigo solo tiene ruborizarse
Silencioso

La esperanza de la Guardia
Que su paz sea tu armadura
Que su alegría es un baluarte
Murmullos en contra de su
Eso te asaltará desde todos los lados
Y su alabanza
Monte ángeles hasta
Y verás
Es él quien peleará
Porque tú eres el tesoro
Y te protegerá
Una y otra vez
Descanse en su alegría!

El amor sin interés

Podemos dar a aquel que pide,
También podemos dar a aquel que no reclama.
Podemos dar esperanza de recibir,
También podemos dar sin esperar nada a cambio.
Podemos dar lo que nos molesta,
También podemos dar lo que es útil para nosotros.
Podemos dar que humilla al otro,
También podemos dar lo que el estudiante.
Podemos dar por verse,
También podemos dar sin ser visto.
Podemos dar a ganar,
También podemos dar a servir.
Podemos dar por orgullo, por costumbre, por cobardía;
También podemos dar por amor.
Podemos dar por el placer de dar,
Nosotros también podemos dar a ti mismo,
siguiendo el ejemplo de Jesús.

Mi corazón

Amados, eso no es lo que haces
Pero lo que no se hace
Quién, al atardecer
Nacerán en su corazón una queja amarga
La palabra amable que no pronuncia
La carta que no escribió
La flor que usted podría tener que ofrecer
Todo esto, Amado
¿Son las sombras que acechan sus noches
La piedra se podría haber planteado
Para despejar el camino de tu hermano
Este pequeño pensamiento de lo más profundo de tu corazón
Sin embargo, estaban tan ansiosos por compartir
Este gesto afectuoso de la mano, Amado
Estabas demasiado ocupado con sus propios problemas
Estos pequeños toques de ternura
Si olvida rápidamente
Estas oportunidades únicas para ser ángeles
Que incluso mortales pueden tener
Es en las noches de silencio
Ellos quitan el dolor
Cuando la esperanza se debilita
Y a medida que la sequía se seca la fe
Para la vida, amados, es corta
Y también un gran sufrimiento
Para permitir que nuestra compasión tan lento

Para quedarse y con ello llegar demasiado tarde

Y no es lo que haces, Amado

Pero eso es lo que no hace

Quién, al atardecer

Inculcado en su corazón una queja amarga.

Me gusta estar solo

Me gusta estar solo para escribir palabras eternas
Me gusta estar solo para sentir que la vida es friable
Sólo contando mis ovejas y mis incontables días
Sólo soñando que las palabras no se frote en la arena
Me gusta estar solo, pero al estar a solas contigo
Me gusta estar solo poner mis ideas sobre la mesa
Solamente un niño durmiendo en la parte de atrás de un aglutinante
Sólo mis trampas y tomar mis noches miserables
Sólo quien habla de silencio no es responsable
Me gusta estar solo, pero al estar a solas contigo
Ir hasta el momento, no hay necesidad de cerrar los ojos
Ir tan lejos como la felicidad es posible
Yendo más lejos, sin necesidad de ser infeliz
Que les vaya bien, estar solo, pero a la vez sí
Me gusta estar solo, pero al estar a solas contigo
Me gusta estar solo cuando la vida se hizo insostenible
Me gusta estar solo alcanzado este amor incurable
Sólo cuando el mundo está fuera de guerras interminables
Sólo uno buscando esta noche cómodos cojines
Me gusta estar solo, pero al estar a solas contigo
Ir hasta el momento, no hay necesidad de cerrar los ojos
Ir tan lejos como la felicidad es posible
Yendo más lejos, sin necesidad de ser infeliz
Que les vaya bien, estar solo, pero a la vez sí
Me gusta estar solo.

Amor

Entre nosotros es nuestro mínimo de vida,
Entre nosotros es máxima la eternidad.
Incluso si usted monta en París
Y yo en Montpelier,
Nuestro amor será el mismo;
Fort! Especialmente si todavía me dices y yo te amo siempre.
Yo doy mi vida,
Porque tuyo,
Pero no durante la noche,
Por otra perra.
De por vida,
Y no por un día,
En tu vida.
El día nos tenemos que ir,
Su voluntad juntos
Mientras nos estremecemos,
Para que no lo decimos:
<< >> ¡Te quiero!

Belleza de la mujer.

Belleza de la mujer, su debilidad, y esas manos pálidas
Que a menudo hacer bien y de mayo de todos los males,
Y esos ojos, donde nada de restos animales
Sólo lo suficiente para decir "basta" a la furia masculina!
Y siempre, traqueteo endórsese materna,
Incluso cuando ella está mintiendo, esa voz! Mañana
Llame o para varé dulce canción, o una señal fresca,
O hermosa sollozo a punto de morir en los chales pliegue!
Hombres duros! Vida atroz y horrible de este mundo!
¡Ah! al menos que los besos lejanos y peleas,
Algo todavía un poco en la montaña,
Algo infantil y el corazón sutil,
La bondad, el respeto! Porque, lo que con nosotros,
Y realmente, cuando llega la muerte, ¿qué queda?

Desesperado

Las sombras se mueven como la noche
En la niebla se aleja desesperadas
Las palabras y los ojos de fondo de pozo
Perdió a sus cuerdas de guitarra
El que está en el pecho que unía sus rimas
Cuando su pluma vuela en los vapores
¿Qué mosca a las cumbres de los picos
En los ojos de un olvidado sus temores
En un suspiro irreal moscas poema
Moscas de sus rimas convirtieron mortal
Él es negro y sin imperio emblema
Banderas Tristes son sólo de encaje
Viento, el mar, que lanzó en su ojo
Botella mensaje Perdido en el océano
Y puertas siempre cerradas permanece en el umbral
Botella de amor llena el vacío
La taza llena de triunfos embriaguez del vino
Sin cuerda para mantenerlo en posición vertical
Perdió su corazón fue de puerta en puerta
Vende su cadáver en el fondo de las alcantarillas
Es imperfecta el corazón palpitante de esta
Cómo restablecer el reloj de tiempo
Que siempre llama la atención de la medianoche sin clamor
Cómo llevar esta poesía de alabanza
Que inundó el reloj de arena eterno de tiempo
Cuando el amor a su púlpito le hizo inmoral

Había una vez.

Había una vez.
Una princesa en el bosque
¿Qué me hizo soñar más de una vez
Me, pasado tan romántico.
Era tan simple para ser feliz,
Un castillo majestuoso,
Suntuosas telas de vestidos,
Y un valiente príncipe y valiente.
Imagen hermosa,
En una vida que es sólo un espejismo,
No castillo o el matrimonio,
Ningún príncipe, pero mucho coraje.
¿Podemos olvidar este cuento de hadas,
Puesto que la vida se gana con golpes de espadas.
En el ático de los vestidos de plata,
Volvemos a la realidad.
Pero, finalmente, el sueño no está lejos,
Para mi príncipe finalmente,
Más hermosa que estos relatos infantiles
Me convertí en la princesa de una mañana.
Aunque estas palabras son más vivos,
Ahora realmente creo,
Vamos a vivir mucho tiempo,
Y vamos a tener muchos hijos.

Le encantan las matemáticas

He visto a muchos amor caótico
Otros, como las tragedias antiguas
Alguien poética
Y algunos platónico

He conocido el amor magia
Como en los cuentos de hadas de
Algunos no se preocupan del dinero
Otros buscaron el Stich

Pero hoy es trágico
Vi el amor patético
No voy a dar en el sueño
Se convirtió fálica

Como tengo un eslogan petición
Uno podría creer yo narcisista
En virtud de un agarre amnésico
Sería casi cómico

Terminado mi amor cósmico
Como un soldado que abdica
Hice una vieja reliquia
Una agonía histérica

Todo porque mimética

Tomé el camino fatídico
¿O los amantes del circo
Cuyo corazón es desierto

Cuando estás cerca
Hay dos en el amor
Y esto hace que cada día
Incluso distancia que hacemos
Por lo tanto, no estamos disminuidos
Pero de tres
Hay tercera
No hay dos
En el mismo lugar
Ni pensamiento
ni carne
Y sabemos que un tercio en dos
Nunca haga un entero

Una vez perece

Las lluvias de verano intoxican la mente,
Y aquellos de invierno molestar a la gente.
Allí no tiene otras preocupaciones,
De preocuparse por el tiempo?

Deje que se ejecute, y mucho trotar
De todos modos, nosotros pobres mortales,
Nunca llegar a detener
Su viaje eterno.

¿Qué estrategia haríamos si nos enfrentábamos
Un monstruo de aburrimiento, este día tirano,
Quién roba nuestras vidas y se ríe de nuestro lugar,
A continuación, la inmovilización de siempre.

Se requiere arma Point o la guerra,
Sólo el momento presente es útil,
Si su voluntad no es la miseria,
Pero el sabor de la felicidad, tan frágil.

Una mala memoria
Para saber que usted estaba allí
Cerca de mí
Me consoló,
Me ayudó a vivir mejor

Su perfume me hechiza con aromas exquisitos
Y llena el aire con una deliciosa fragancia
Me atractivo para usted
Como un imán

Por ti caminaré
El vidrio roto
En brasas
Pero el destino decidió otra cosa

Me acuerdo de todo
En cada detalle
Mientras te olvidaste
Ahora me odias
Sus ojos queman mi piel helada

Le ruego que me crean
Atrévete a escuchar la verdad
Porque sin que vi la noche
Y nunca quiero ver
La salida del sol

¿Cómo no pensar en ti

Por supuesto que sé que en esta hora
En todo el mundo
Los hombres se apiñan en el miedo
Los niños ya no son la ronda
Estrellas a su alcance
Que las mujeres ocultan la bestia inmunda
De la violencia cotidiana hecho a ellos ...
Pero ¿cómo no pensar primero sobre usted
Para sus senos zumbando como abejas
Para su desbordante afrutado de corazón
En tus manos donde gotean caricias del sol
Para sus hombros desnudos o que recogen flores
Olor cremoso de tu vientre blanco
Sí cómo no pensar primero sobre usted
En su tacto como una vegetación fragante
Bendice impulsos poderosos traducidos en un susurro
En la fuente de vida que llevas en ti
En esta mirada de amor que me preguntaste
En esta sonrisa de hadas que dibuja mi alegría
¿Cómo no pensar en ti primero
¿Quién tiene esa belleza para oponerse a la fealdad
La verdad oculta de tú a tú en tus ojos
Tratando de encontrar en el laberinto de corazón
Que quieren ser una gran aventura para usted
Y a ti mismo tratando de ponerle en el mundo
¡Oh, mi amor, mi fuerza y mi fuerza está contigo

Debido a que todos los días te quiero mi compañero.

La palabra

Tengo la belleza sencilla y es feliz.
Me deslizo en los techos de los vientos
Me deslizo en el techo de los mares
Me convertí sentimental
No sé el conductor
No voy a pasar la seda del hielo
Estoy flores enfermas y guijarros
Que más me gusta de China a los cielos
Me gustan los desnudos más los diferenciales de aves
Soy viejo, pero aquí estoy hermosa
Y la sombra que desciende ventanas profundas
Ahorros cada noche el corazón oscuro de mis ojos.

Los ojos

Azul o negro, todos nos encantó, todas hermosas,
Ojos sin número han visto la aurora;
Duermen tumbas profundas
Y el sol se levanta de nuevo.
Las noches más suaves que el día
Ojos Encantad sin número;
Las estrellas siguen brillando
Y los ojos llenos de sombras.
¡Oh! perdieron la mirada,
No, esto no es posible!
Se volvieron algún lugar
Para lo que se llama lo invisible;
Y como las inclinaciones estrellas,
Salimos, pero permanecemos en el cielo,
Los alumnos tienen sus puestas de sol,
Pero no es cierto que se mueren:
Azul o negro, todos nos encantó, todas hermosas,
Abre en cierta inmensa amanecer,
En el otro lado de las tumbas
Los ojos que la granja todavía ven.

Míseres hombres

La vida de un hombre está lleno de miserias

Él puede superar sin la suavidad de una mujer a su lado,

Incluso si la verdad puede ser dolorosa a veces,

Siempre duele menos que el largo plazo mentira

Entre, ven y no lo olvides.

Mi nombre **Ngoube Lobe Valdeze**

Y yo quiero escribir para usted.

Sentarse y leer cualquier cosa me siento así,

Me estremezco al verte en esta sala tan bonita

También cerca de mí.

Veo tu sonrisa y un brillo en sus ojos que ilumina mis pensamientos.

Acostado

Acostado, vuela en el cielo

Bocabajo sobre una nube

Y mira un bonito camello

Con borlas que bajan y suben

Al ritmo de una gran carrera

En su honor, el niño viajero el sultán espera

La llegada con aire fiero

Y el niño se pierde en la nube

Tan suave como su camita las orlas que bajan y suben

No las ve porque ya dormita

El camello llega en primero

Y cuando hacia arriba lo mira

El hijo del sultán muy fiero

Ya se fue la nube se estira.

Mi amor

Mi Amor, sabes que tu ausencia
Provoca una catarata de lágrima
Que sale de mis dos ojos
Y inunda mi cuerpo entero.

Tu ausencia, tan chica que sea,
Estrella mi débiles alma
De manera tan rápida
Que me cambio en un cadáver.

Tu ausencia me hace sufrir,
Expulsa mi piel en este camino
Que va en un lugar difícil a decir
Pero que se llama infierno.

Con tu ausencia, mi Amor,
Mi corazón romperse,
Mi felicidad, por siempre desaparece
Y mi vida volverse un horror.

Soy triste cuando no estas acá,
Soy muerte cuando no te tengo cerca,
Soy inercia cuando no te veo,
Soy nada cuando no te siento. Mi Amor, no déjame solo
Sino mi futuro será corto,
Mi Amor no me abandona
Sino voy a decir "No" a la vida.

Te amo por la bellísima que SOS,
Te amo por el natural que SOS,
Te amo por la sencillez que SOS,
Te amo por la dulcería que SOS.

No quiero perderte
Sino es mi vida que voy a perder,
Quiero, por siempre, amarte
Y regalar a mi destino el Poder:

El Poder inconmensurable
De la felicidad eterna,
El Poder incomparable
De una vida tranquila.

Mi o razón

Toda la noche voy a rogar,
Voy a rogar por mañana
Para que ella venga a mi lugar,
Para que venga mi flaca divina.

Voy a rogar sin pararme un minuto
Para que detrás de la puerta
Voy a volverme como un loco
A ver de nuevo su lindo sonrisa.
Voy a rogar como un obispo
Para que mi deseo se realice;
Voy a rogar como un encarnizado
Para que mi Diosa se materialice.
Mi oración será intensiva
Para que nuestro futuro,
A yo, a ella y su hija,
Tiene el mejor destino.
Voy a rogar para mantener mi vida,
Voy a rogar para su felicidad,
Voy a rogar para nuestra pareja,
Voy a rogar para la eternidad.

Nos vimos

Hay 15 días que no nos vimos,
Hay 15 días Hay que note vi,
15 días sin mirar tus ojos,
15 días sin sentir tu cuerpo.

Estos 15 días feroz para mí
Un tiempo infinito, eterno,
Durante todo este tiempo fui
Propenso a un infernal tormento.

Pase todo este tiempo a esperar
Tu venida única y divina,
Pase todo este tiempo a llorar
Como un griego que ha perdido su Diosa.

He tan llorado durante este tiempo
Que creé, de mis propias lágrimas,
El océano el más largo del mundo
Con los abismos los más pro fundidos.

En este océano infinito,
Me ahorné, integralmente;
Se fui, mi cuerpo entero,
En este camino que va a la muerte.

Solamente vos puede ayudarme,
Solamente vos puede prolongar mi vida
Porque mi vida es amarte
Y es tu amor que hace mi vida.

Sálvame de este océano de lagrima
Para confirmar que nuestro Amor
Es el mejor que puede se vivir en esta Tierra,

Que es, dentro de todos, el Mejor.

Te amo, mi divina Diosa,
Aunque todos los días lloro;
Te amara hasta mi última lágrima
Aunque todos los días te espero.

Puta vida

Puta Vida! Todo rompiese:
Y ahogase en un poso sin cara
Mi vida, mis sueños, mi carne, mi ser;
Para hacer de mi alma un espectro
Menos nítido y más borroso que el brillo
Oscuro del Ganges.

Puta Vida!
Mis sentidos se fijan sobre sus ojos
Como el cuarzo se agarra de la estaca
Y devuelve mi corazón un poco más vivo
Que mi sangre se muta en un oleada vivo
Y crece el disco de mis venas.

Puta Vida! Su piel de india
Mate, lisa, dulce, bella, reluce bajo la luna
Como estés largos días donde, cerca de las dunas,
Re, de sus trazos, crea esta mar
Falsas pero que empújanos a hacer
La cierta zambullida.
Puta Vida!

Pero el titileo lleva a mi perdida,
El vacío viene al fin de este acto,
Me hago solo después este pacto,
No tengo más a decirme: “Olvida!”
Y nada más, entonces olvido.
Puta Vida,,,

El amigo de mi vida

Por qué llorar ya que estás aquí?

Por qué se quejan ya que estás aquí?

Por qué lamentar ya que estás aquí?

Por qué enojarse ya que estás aquí?

Tú, tú siempre estás ahí para consolarme.

Tú, tú siempre estás ahí para razonar conmigo.

Tú, tú siempre estás ahí para hacerme reír.

Tú, tú siempre estás ahí para calmarme.

Usted, el amigo indispensable de mi vida.

Tú eres mi vida, mi oxígeno, mi todo.

Qué hacer sin ti?

Cuando usted no está allí lloro a los cuatro vientos.

Para usted mi amigo yo daría mi vida.

La flor olvidada

Los pequeños campos de flores rosas

En la fragancia encantadora en su totalidad de color rosa,

Sin embargo, tan pequeña y frágil a la vez

El buen margarita todas las estaciones y ocasiones

Perdido entre tantas flores silvestres bonitas,

Apenas nos comentan su canción,

Pero ustedes son los mejores aromas de TI

Y el polen más sabroso que es en sí mismo

Sin embargo, usted es un verdadero valor,

El día de su colección le da favores,

Y oigo tus lágrimas,

Usted todavía que era tan tontas todas las subidas.

Tú existes en los ojos de alguien

Eso es todo lo que quería ser alguien,

Ahora que te tengo en mis manos,

Y tú eres mucho más bella que todas las flores del día siguiente,

Y para otros se le olvida rápidamente,

Pero siempre me acuerdo de ti mismo en el olvido,

Con, el olor del rocío.

La e

Como un rayo de sol en mi vida que han tenido lugar

Por darme toda la sinceridad que yo esperaba,

Usted ha otorgado el inmenso vacío de mi corazón,

Que me permite sentir amado.

Cómo entender esta dulce sensación

Qué nos invadieron unos a los otros,

Este sentimiento que nos transporta a un mundo completamente nuevo,

Lleno de felicidad,

Y cada momento que nos une.

Te vistes mi alma con sus mejores ropas,

Su rostro se ilumina mi vida de sus sonrisas,

Y llenó mis días con los recuerdos,

Y tocando el soplo sutil de tus labios

La vida me da su regalo más grande que usted.

La mujer de mi vida

Derramaste mi corazón, que ha volcado encontraron,
Todo comenzó cuando nuestros ojos se.
Un viento de amor me hizo loco.

Nuestra historia no nace que se detenga.

Nuestro amor crece día a día.

En tus brazos me tomo mi mosca de distancia para un mundo suave y dulce.

Cada reunión desató mi emoción.

Cada mí empates para abrazarte.

Cada beso estimula mi amor.

Cada mirada derrite mi corazón.

Como un sol que quema todo a su alrededor, nada puede resistir a usted,

El hielo se convierte en vapor, sus ojos brillantes me dejan sin palabras.

Me dejo lentamente abrumados por su calidez.

Esa música, eres el latido de mi corazón,

Me dejo arrullar por sus brazos, tan dulce, tan fuertes a la vez,

Sus notas aumentan en fuerza y caen suavemente,

Su ritmo se convierte en la mía, que tomó posesión de mí

Eres tu

La melodía que faltaba en mi verso

La princesa encantadora esperado por mi corazón solitario

La heroína de mis fantasías infantiles

La razón y la esencia de mi existencia

El guardián de mi alma emperatriz de mi corazón

La fuente de mi alegría y mi felicidad

El propósito de mi tormento y mi pesar

Mi alma gemela he buscado por mucho tiempo por todos estos años

La única chica que me gustaría que me encanta

Uno que me inspira a quien dedico mis poemas

Quién quiero vivir para luchar y morir

Para compartir mi viaje mis sueños mi futuro y mi vida

Quién dedicar mi ser mis días y mis noches y todos los momentos de mi vida ...

La eterna único gran amor de mi vida

Eres tú!

Te quiero

Yo estaba solo en el mundo cuando crucé en su camino.

Como un sol en la noche encendiste mi vida.

Y desde el primer momento en que tomó mi mano,

Todo mi ser y todo mi amor que ha ganado ...

Cuando estoy contigo,

Cuando pienso en ti,

Mi vida se está volviendo más y más bella ...

A pesar de mis problemas, mi dolor, mi dolor

Sonreí de todos modos

Tan pronto como mis ojos se encuentran con los ojos.

Por su pasión, la ternura y tu dulzura,

Usted ha embrujado a mi corazón...

Usted borró todos mis sufrimientos

Y reavivado en mí la alegría, la esperanza y el amor

En la vida y la felicidad!

Dije que la encantadora princesa

Existe sólo en las novelas y cuentos de hadas.

Cuando te vi, dije lo contrario!

Estoy feliz y satisfecho

Para tener la oportunidad de amarte

Y compartir su camino...

Mi corazón

En el horizonte, allí en su presencia,

hay a tu mejor sonrisa,

llena de calor y emociones intensas.

Los días y las noches resuena su nombre.

Necesito una sola cosa...

Eres tú.

Sólo tengo un deseo, una necesidad

es tener siempre que

cerca de mí...

Sin ti mi corazón me huye.

Mis ojos han cruzado sus ojos,

El cielo se convirtió en brillante,

Mi mano tocó la suya,

Y desde mi corazón al tuyo viene junto.

Mi amor capilla

Mi alma quiere ser una capilla amor

Cuando la noche, día y cada momento

Antes de que su rostro inmortal,

Pide rodillas mi fiel amor.

A la sombra y misterio

canta con amor

Este suave oración,

Pagan tan ligero,

Es su nombre precioso que siempre vuelvo a mis labios.

Aquí está mi corazón, mi corazón temeroso,

El corazón de mi pobre hijo.

Y he aquí, la flor pálida

Usted no urdido por tu amor,

Mi alma se muere de usted

Y tus ojos tan dulces.

Si tus manos crueles

Y estoy celoso,

Fan de los mejores frutos,

Incluso podía recoger,

Porque tú eres este jardín.

Referencia

Mantengo la mayor parte del respeto que yo sé eterna,

Tengo un agradecimiento a la persona que fue capaz de llenar mi vida

Porque tú me has guiado en mi destino único,

Todo este tiempo que te debo mucho,

Usted es mi referencia mi primera influencia solo que me ha puesto en un trance,

No te quiero perder,

Usted es mi referencia me siento muy mal en su ausencia,

Tú eres la fuerza que me inspira mi dolor en su ausencia no tiene futuro,

Y si estaba soñando, todo parece perfecto que tengo miedo de despertar sin ti a mi lado,

Veo esperanza en sus ojos.

Amistad juventud.

Ángeles en la lira, Vulcano erigidos,

La altura y enciende pensamientos Reales

Barre desea nuestros labios inferiores enrojecida,

La fuente no está seca, sus labios;

Supongo que esta corriente cristalina donde las flores,

La fuente de mis palabras, oh pasó perece,

Pero fue sólo un miedo ciudad, mi querida,

Parece probable que usted es mi mar;

y es en las lágrimas de los dioses que se ahogó,

Creer que la fuente dio más rosa,

ya borrados por verbo ser querido

Eres mi amistad juventud, falleció,

Es mi temor de que nació en mi alma sombría,

Hoy contemplo tu corazón mimado.

Control de la malherís

Fortuna siempre hacer grandes cosas!

Paquetes coronados vuelven legítima!

Gloria con la sangre!

Niños heredar la maldad de los padres!

Y el siglo que muere contando sus miserias

En el renacer del siglo!

Qué! Así que muchos tormentos, paquetes, atormentar,

Es que no fumar suficientes sacrificios

El sol, viejo testigo de las desgracias de la tierra,

No se le nació un día en que se ilumina

La angustia de los mortales?

Herederos de dolor, víctimas de la vida,

No, no, no espere que su rabia saciado

Salep las aflicciones!

Hasta la muerte, abriendo su ala enorme,

Trague siempre en eterno silencio

El dolor eterno!

No tengo miedo de amor

Sus palabras delicadas me hechizan
En todo mí ser llenas de chispas
Nuestras vidas y nuestros corazones está fusionar
Con TOI, me siento tan hermosa e inmortal...
Nucstro encuentro inesperado
Para poner el sol en cada uno de mis días
Yo me encargaré de esta joya
Y acércate más para que en su mejilla, me pusiera este beso...
Mi corazón está muriendo en su ausencia
Cuando usted aparece, es la cuestión
No puedo vivir un día sin tu
Mi vida sería gris y triste…

No tengo miedo de amor
Las palabras delicadas me hechizan
En todo mi ser lleno de chispas
Nuestras vidas y nuestros corazones están fusionar
Con tu, me siento tan hermosa e inmortal...
Nuestro encuentro inesperado
Para poner el sol en cada uno de mis días
Yo me encargaré de esta joya
Y acércate más para que en su mejilla, me pusiera este beso...
Mi corazón está muriendo en su ausencia
Cuando usted aparece, es la cuestión
No puedo vivir un día sin tu
Mi vida sería gris y triste…

Mi amor

Me gustaría compartir,
Mis pensamientos, mis sentimientos y todo
lo que me hace ser la desesperación
Quiero compartir con ustedes.
Lo que me hace feliz, lo que me hace sentir vivo...
Por lo tanto, usted puede sentir que mi amor es sincero y verdadero.
Cada día, ni un solo minuto
Pasa sin ti
Su piel, su voz, su cuerpo y el tacto
Todas esas veces, echo de menos tanto.
Usted está tan presente, tan profundo en mi corazón
Y las almas, lo sé, nunca se separan,
Pero las circunstancias y la distancia pueden ser tan fuertes
Cierran las puertas y crean dudas y nos empiezan a culpar.
Hay acciones mías y sé que para usted...
Se siente tan mal, si mis intenciones son puras
Son dolorosas e insoportable
Y usted piensa que es tan injusto.
No se podía huir de ti mismo;
No hay lugar para esconderse
Simplemente me hace mal porque tú eres tan profundo
Me siento mal en mi corazón y en mi orgullo.
Entonces me temo que si sigo para quedarse
Sufro tu camino?
Me temo que no estoy en absoluto de que se necesitaba en su vida
Y que esta verdad en mi corazón se está rompiendo y sangrar.

Puedo sentarme aquí en el banco, y limpie mis lágrimas
Si usted supiera cómo.
Estoy aburrido y necesito tus brazos y tus caricias
Sé que no puedo ocultar mis pensamientos, y mi miedo
Y yo sé que en esos momentos no me parece estar cerca de ti
Pero usted no cumple estas paredes
Con la fuerza de su amor
Y me siento bendecido
De Dios por encima!
Mi amor por ti es tan profundo en mis venas
Sueño contigo, a pesar del dolor que me corroe.

Mi razón

Usted está la razón por la que se levanta para enfrentar cada día agitado
Solíamos tomar el tiempo para reír y jugar un juego con dos
Pero ahora parece que nos ganaron de una manera también, y también lloran
Así que cuando te vas a dormir en la noche, me deslizo en su lado,
Voy a mantener usted firme y escurrir con este increíble sentimiento de orgullo que me vuelve
Tú eres el que más me gusta,
Y es incluso bueno muy claro aún.
Y cada día, sé que tengo suerte,
Que hagas parte de mí
Ahora, vamos a tratar de reducir la velocidad y disfrutar de todo lo pasado
En cuanto a los moldes nuestro futuro, y como la vida se mueve demasiado rápido,
Pero tratamos de hacer con
Porque tú eres mi razón.

El resplandor en el ojo

El brillo en los ojos,
El calor de tu piel.
Su aliento en mi cuello,
Me sacude por dentro.
El roce de tu mano
El olor de tu cabello.
La maldad en tu sonrisa,
Esta es la fuerza de sus ojos.
Su beso en mi mejilla,
Tu cuerpo junto al mío.
Es la sensación de hogar.

Compasión en tu abrazo.
El poder de tu cara.
El latido de su corazón.
Nunca podemos separar
La belleza de su beso,
y que nuestro toque mágico.
Es por todas estas razones y otras,
Que te amo tanto...

Tés agua ojo

Me gusta tu pelo abundante y áspero.

Me encanta el agua los ojos verdes, me encantan tus ojos pensativos.

Cuando miro en ellos, pienso en los mares profundos

Cuyo misterio se escapa de los buceadores más audaces;

Sueño de un abismo en el que las sondas irá por mal camino.

Me encanta el agua los ojos verdes, me encantan tus ojos colores del cielo del arco iris.

Me gusta tu boca flor cuya corola se abre,

Carmín puro en un fondo de la nieve deslumbrante.

Esta es la compasión de todos los tesoros del Louvre.

Me gusta tu boca flor, flor de la carne, de la flor de sangre.

Me gusta tu boca flor cuya corola se abre.

Té bien noche y día hermoso,

Me perdonas este análisis ingrato?

Si me duele rosario desmotado del amor,

Es un recuerdo muy querido demasiado embriagador me embriaga.

Gracias, buenas noches; gracia, hermoso día.

Carta olvidada

Encontré su carta olvidada en mi armario,
Esta carta me molesta como un terremoto,
Eso me sorprendió y me llevó como un torrente
Me entrego a su corriente.
Mis ojos son cálidos labios siguientes tus palabras;
las palabras de un amor, palabras fervientes.
Una sonrisa, su sonrisa ilumina mi camino
Para el fondo de mi alma.
Yo soy de esa manera...
Usted es el maestro y aprendiz,

Me dominado y yo dominado,

Usted acaba de recuperar lo que me diste

Y siempre me dejo llevar...

Me dejo llevar por un sueño, que no puedo escapar.

Me sumerjo pero no me ahogo

Para ti que como yo, eres mi fuente, mi fuente

Una fuente en la que estoy renacer voluntariamente, me sobra nada...

Mi tristeza

Un día le pedí a Dios que me ayude

Yo no era capaz de girar la esquina

Yo ya había perdido mucho de mi estrecha

Pero como si eso no fuera suficiente

Ella tenía que hacerse atropellado por un coche

¿Por qué es que yo digo?

¿Por qué tanto dolor?

Lo que he hecho mal en la vida?

Dios me respondió:

No has hecho nada, pero así es la vida la que decide

Es ella la que decide la suerte de los vivos

Entonces ¿por qué ellos?

Porque él no pertenecía aquí

No, yo no puedo creer

Ella era delgada trabajo

Mamá espero mi vida pronto será completa

En la distancia me gustaría estar cerca de usted

Por último, me encantaría volver a su dimensión

Te echo de menos.

Lun arac-en-cielo

Recorta aunque usted sería mi nueva derrota

Una serie de buenos discurso para mis travesías iluminados

Algunos sonrisa a destruir este fuego me inspira

Pido que la misma princesa pasaje

Me noma su príncipe para tener las más bellas imágenes

Incluso si al final es el que voy a perderme en

Sus tormentas que no piden el sol No pido el cielo yo sólo pido para encontrarte mi arco iris

Aunque soy un cuerpo sin vida y mi alma es golpeado

Le pido a mi sirena a ser mi reina

Usted sería tan hermoso, pero no demasiado que no querías

Yo no quiero vivir mi vida estatutos venerada sin vida

Pero mi luna me amas sin rencor

Usted habría venido de una estrella distante de otro universo

Porque yo no veo inculca que para mí en la tierra

Incluso en toda la estrella universo darle la espalda y aquí estoy en el infierno

En algunos mi palabra en toda sabiduría Puedo escribir

Le pido a Dios trajo a mi alma en la palma de tu ser…

I want morebooks!

Buy your books fast and straightforward online - at one of world's fastest growing online book stores! Environmentally sound due to Print-on-Demand technologies.

Buy your books online at
www.morebooks.shop

¡Compre sus libros rápido y directo en internet, en una de las librerías en línea con mayor crecimiento en el mundo! Producción que protege el medio ambiente a través de las tecnologías de impresión bajo demanda.

Compre sus libros online en
www.morebooks.shop

KS OmniScriptum Publishing
Brivibas gatve 197
LV-1039 Riga, Latvia
Telefax: +371 686 204 55

info@omniscriptum.com
www.omniscriptum.com

Printed by Books on Demand GmbH, Norderstedt / Germany